D0338695

Collection dirigée par M.-C. Torti et J.-M. Coblence,
sur une idée de Giampiero Caiti
Conception graphique Dominique Mazy - Sandra Brys

L'auteur et l'éditeur remercient André Steijer (Ciné plus)
et Samalga pour leur aide précieuse.

Crédits photographiques

Le reportage sur la caméra Mitchell a été réalisé par William Sternberg,
© Casterman.
Ciné plus : pages 5, 14hg, 19b, 20h, 21hd, 23, 25hd, 26m, 27, 28, 29, 30g et hd,
31, 33, 34d, 35, 36m, 38h, 39, 41h, 43m, 45h.
Jean-loup Charmet : pages 13, 14hd et m, 16m.
Explorer : 14-15b, 36b, 37 (n° 17).
Cinémathèque française, Paris : pages 15m, 16b, 20b, 21b, 21hg, 24-25b, 26g,
30b, 34g, 37 (n° 1,2,3,5,6,7,10,11,12,14,15,16,18), 38b, 41b.
Roger-Viollet : pages 16-17h, 17, 19h.
Cinémathèque suisse, Lausanne : page 18h.
Christophe L : pages 19m, 22, 37 (n° 4,13), 43b, 44h.
Kobal collection, Londres : pages 25hg, 44b.
F. Revault d'Allonnes : pages 30m, 40h.
Cahiers du Cinéma : pages 37 (n° 8,9), 40b, 43h.
Melonio, Cité des Sciences : page 42m.
Sipa press : page 45m.

ISBN 2-203-17218-5
© CASTERMAN 1993

la Caméra

Au cœur d'un art animé

texte de Fabrice Revault d'Allonnes
illustré par Jean-Michel Payet

casterman / *Des objets font l'Histoire*

Sommaire

Le flux de la vie

Saisir la vie même, son mouvement ! En donner l'illusion parfaite, comme dans la réalité ou dans le rêve. Pour cela, il faut des images photographiques animées par leur défilement. A l'origine de ce miracle visuel, une machine : la caméra.

24 photos par seconde

Un cheval galope : si l'on en prend de très nombreuses photos successives, qu'on les fait ensuite défiler rapidement sous nos yeux lors d'une projection, nous aurons l'impression d'un mouvement continu, par le phénomène dit de la "persistance rétinienne", bien que ce soit dans le cerveau (et non dans la rétine) que toute vision se maintient une fraction de seconde. D'où l'idée de restituer un mouvement par une suite rapide d'images fixes, que notre vision enchaîne.

Une caméra, c'est d'abord un appareil photographique. Elle se compose d'une chambre noire, d'un objectif et d'un obturateur. On y place une pellicule photosensible en celluloïd, recouverte de sels argentiques, que la lumière va impressionner. Mais la caméra décompose le mouvement en 24 photos par seconde (16 à 18, autrefois). Chacune s'appelle un photogramme.

La caméra Mitchell 35 mm fut à "l'âge d'or" la reine des tournages hollywoodiens, aujourd'hui détrônée par Panavision (Etats-Unis) ou Arriflex (Allemagne) : ces caméras permettent une visée "reflex", où ce que l'on voit dans le viseur coïncide exactement avec ce qui est cadré par l'objectif.

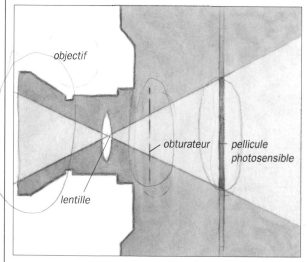

objectif

obturateur — pellicule photosensible

lentille

La chambre noire, qui protège la pellicule de la lumière, rappelle la camera obscura des peintres, d'où le nom de "caméra" (chambre). Muni d'une lentille et d'un obturateur, l'objectif est le conduit par lequel va passer la lumière, l'instant d'une photo, durant lequel l'obturateur s'entrouvre.

L'objectif : on peut en régler l'ouverture (ou diaphragme), ce qui laisse passer plus ou moins de lumière, et en changer selon la largeur ou la profondeur de l'espace cadré.

magasins contenant les bobines

viseur

plateau inclinable et tournant

manivelle

9

On tourne !

Pour cela, il faut une longue pellicule, qui se déroule d'une bobine débitrice vers une bobine réceptrice, contenues dans des chargeurs ou magasins. Elle passe par un couloir, qui la guide derrière l'objectif, là où se situe la fenêtre de prise de vues. Cette pellicule négative (les noirs sont blancs et inversement) a des perforations latérales que des griffes, propulsées par une came, font avancer, s'arrêter, avancer... 24 fois par seconde. Lorsque la pellicule avance, l'obturateur est fermé ; lorsqu'elle s'arrête, il s'ouvre, le temps d'impressionner un photogramme.

Le terme cinématographe vient du grec kinêma, *qui signifie mouvement, et* graphein, *écrire. On emploie plutôt "cinématographe" pour qualifier l'instrument (ainsi baptisé par ses inventeurs) et "cinéma" pour désigner l'art.*

Il existe différents axes de prises de vues, diverses positions de la caméra par rapport au sujet filmé : frontale, latérale, en plongée (d'au-dessus), en contre-plongée (d'en dessous).

Il existe différentes échelles de plans, diverses distances entre la caméra et le sujet filmé : plan d'ensemble, large, moyen, gros plan.

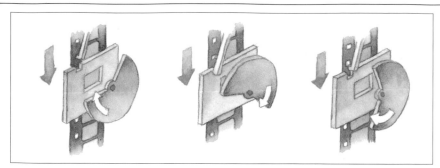

L'obturateur est un demi-disque opaque, qui tourne sur lui-même, voilant et dévoilant ainsi régulièrement la pellicule.

La griffe pénètre les perforations, tire la pellicule, s'écarte, revient. Les débiteurs sont des roues dentées, qui aident en amont et en aval au bon défilement de la pellicule.

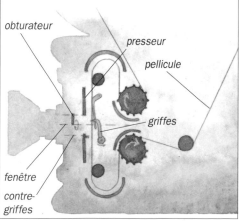

obturateur

presseur

pellicule

griffes

fenêtre

contre-griffes

Une naissance mouvementée

Des images fidèles à la réalité et qui bougent "comme pour de vrai".
Depuis un siècle, c'est possible :
la photographie permet des images réalistes, que le cinématographe anime, ajoutant ainsi à leur vraisemblance.
Lanterne magique, Zootrope et Praxinoscope, Chronophotographie :
les ancêtres d'une grande découverte...

Affiche réalisée par Brispot (1895).

Vers l'image animée

Comment faire bouger une image ?

Par la projection, d'une part : un pas est franchi en 1671 lorsque le savant jésuite Kircher décrit la "lanterne magique".

Il s'agit bien de projection, mais de dessins fixes, inanimés.

Par la décomposition du mouvement en vues successives, d'autre part : le XVIIIe siècle étudie le phénomène de la persistance rétinienne, ce dont les inventeurs du siècle suivant vont jouer. Les dessins sont désormais animés, quoique non projetés.

Il suffira de porter ces dessins successifs, décomposant un mouvement, sur un support translucide, et de les faire défiler devant une source lumineuse, pour obtenir la projection d'un dessin animé. Ce que réalise Emile Reynaud avec son Théâtre optique, qui présente des *Pantomimes lumineuses*.

Mais l'invention de la photographie va bientôt tout changer...

Vers 1830, Plateau anime des dessins disposés sur un disque tournant : c'est le principe du Phénakistiscope.

L'Anglais Horner et d'autres adaptent ou perfectionnent le procédé de Plateau, grâce à des dessins portés sur des bandes installées dans un cylindre percé de fentes : c'est le Zootrope.

Reynaud installe au centre du cylindre des petits miroirs qui renvoient la succession des dessins : voici le Praxinoscope (1877).

E CHAUVET

DEVERITE. SC

Plaques de verre colorées, destinées à une lanterne magique.

Le miracle de la photo

1822 : le Français Niepce découvre
la photographie. En installant dans une
chambre noire un support recouvert
de chlorure d'argent, qui noircit à la
lumière, il obtient une image négative.
1838 : son compatriote Daguerre
parvient à une image positive sur une
plaque de cuivre argentée,
le "daguerréotype", dont on ne peut
toutefois tirer de copies.
1840 : l'Anglais Talbot met au point
le tirage sur papier, à partir
d'une image négative.
1872 : l'Américain Muybridge lance
la "chronophotographie",
la décomposition d'un mouvement
en une série de photos fixes.
1882 : le Français Marey conçoit
un "fusil chronophotographique".
On est alors tout près du cinéma : voici
une succession ininterrompue
de photos sur une bande continue.
1889 : l'Américain Eastman invente la
pellicule perforée, le film souple.
D'abord destiné aux appareils
photographiques Kodak, il sera bientôt
adapté au cinéma.

Le physicien Nicéphore Niepce (1765-1833) a conçu le principe de la photographie, mais n'a obtenu qu'une image négative et instable. Poursuivant ses recherches, Jacques Daguerre (1787-1851) sut développer et fixer une image positive.

Instantanés successifs d'un saut de cheval, réalisés par Muybridge.

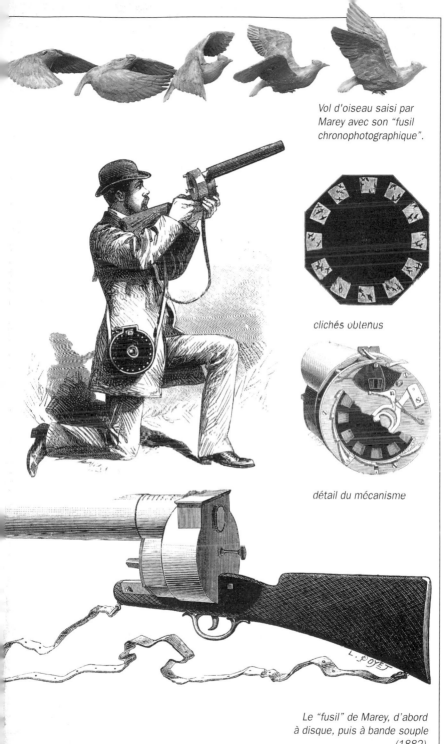

Vol d'oiseau saisi par Marey avec son "fusil chronophotographique".

clichés obtenus

détail du mécanisme

Le "fusil" de Marey, d'abord à disque, puis à bande souple (1882).

L. POYET

La dernière
et la plus
Merveilleuse invention
De Th. A
EDISON
LE KINETOSCOPE

Dans son Kinétoscope, Edison utilise un nouveau support souple et transparent, mis au point par Goodwin dès 1887 sous la forme d'un ruban perforé de 35 mm: le "film" existe.

2.

1.

3.

4.

La magie du cinéma

1893: l'ingénieur américain Thomas Edison, déjà inventeur de l'ampoule électrique et du phonographe, met au point le Kinétoscope.
On regarde un petit film, défilant dans un caisson de bois, à travers des lunettes de vision: la projection n'existe pas encore.
Deux ans plus tard, les industriels lyonnais Auguste et Louis Lumière, si bien nommés, déposent le brevet du Cinématographe. Un même appareil permet la prise de vues et, à l'aide d'une lanterne électrique, la projection.
Cette fois, le cinéma est vraiment né. Même si caméra et projecteur ne font encore qu'un. Même si ses pères n'y voient qu'une "invention sans avenir", une de plus...

Pas de cinéma sans projection
Très vite, la caméra et le projecteur se sont séparés. Dans ce dernier, muni d'une lampe puissante, la pellicule est entraînée par des roues à griffes; une pièce essentielle est mise au point, la "croix de Malte", brevetée en 1896, qui assure son immobilisation régulière.

Projecteur Garrigon-Lagrange (1919).

1. Croix de Malte
2. Fenêtre de projection
3. Disque entraîneur
4. Ergot

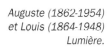

Auguste (1862-1954) et Louis (1864-1948) Lumière.

La caméra des origines, celle des frères Lumière. Une caisse en bois ; quelques mètres de pellicule (une vingtaine, soit 50 secondes de film) ; une manivelle, car on tournait à la main en chantonnant une marche pour garder la cadence.

Le réel et le rêve

A peine né, le cinéma marche sur ses deux jambes. Les "opérateurs Lumière" parcourent le globe, captent la réalité, font du documentaire.

Tandis que l'équipe de Georges Méliès (1861-1938) s'enferme en studio, développe l'imaginaire, crée des fictions.

D'un côté, la beauté et la vérité du monde, tel qu'en lui-même ; de l'autre, la féerie et l'artifice du studio, avec machineries et trucages.

Réalité ou rêve : une dualité qui caractérise par essence l'image cinématographique, et qui traversera l'histoire du cinéma.

Ainsi, à ses tout débuts, le cinéma n'intéresse encore que les scientifiques, pour l'exploration du réel, et les forains, pour la magie de l'illusion. Mais grâce à ces derniers, il devient bientôt une attraction universelle, et les premières salles se développent.

L'Arrivée d'un train en gare de La Ciotat, documentaire des frères Lumière, fut le premier film projeté en public, le 28 décembre 1895 au "Grand Café" de Paris. On dit que certains spectateurs s'effrayèrent de ces images d'un train fonçant droit sur eux : comme des enfants, ils prenaient cette illusion si parfaite pour la réalité elle-même.

Tous au Nickelodéon
Ces premières salles
apparaissent vers 1900
aux Etats-Unis. Un quart
d'heure de projection,
dans des conditions
rudimentaires, pour un
penny (un nickel), dans
un théâtre (ou odéon).
La foule afflue.

A LA CONQUÈTE DU PÔLE

STAR-FILM GÉO MÉLIÈS. THÉÂTRE ROBERT HOUDIN. 8. BOULEVARD des ITALIENS · PARIS·

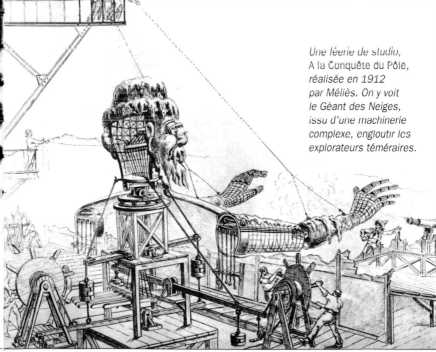

Une féerie de studio,
A la Conquête du Pôle,
réalisée en 1912
par Méliès. On y voit
le Géant des Neiges,
issu d'une machinerie
complexe, engloutir les
explorateurs téméraires.

Toujours plus

Depuis 1895, les techniques n'ont cessé
de progresser : après s'être séparée
du projecteur, la caméra a commencé
à bouger ; le cinématographe
s'est ensuite mis à parler, il a pris
des couleurs...
Une épopée technique qui a soutenu
une véritable évolution artistique.

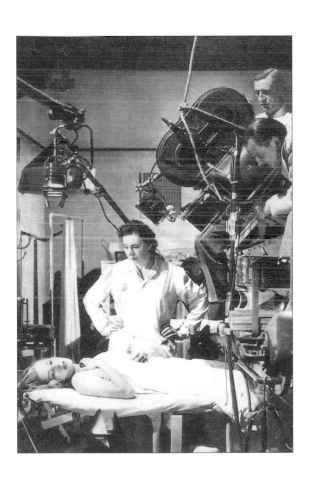

De la fixité à la mobilité

Fixée sur un trépied, la caméra des origines n'était guère mobile, ce qui n'empêcha pas de l'installer dans une gondole ou une voiture en mouvement. Le premier travelling sur chariot, supportant la caméra et l'opérateur, date de 1914. Plus tard, le chariot évoluera sur des rails métalliques légers, ou sur des pneus. Certains cinéastes créent des mouvements de caméra "chorégraphiés", comme Ophuls, Visconti ou Tarkovski.

Un rail de travelling, installé... à hauteur d'éléphant.

Longtemps trop lourde, la caméra ne fut guère portée, malgré quelques exceptions remarquables. A partir de 1960, des caméras 16 mm, plus légères, permettent de tourner aisément et librement, l'appareil à l'épaule : ainsi chez Godard, Cassavetes, ou Wenders. Aujourd'hui, les caméras 35 mm se sont également allégées. Suspendue sous un hélicoptère, emmenée au plus profond des mers, la caméra effectue parfois d'impressionnants mouvements.

Mouvements de caméra
Travelling (de l'anglais to travel, voyager) :
déplacement de la caméra pour s'approcher ou s'éloigner (avant ou arrière), pour suivre de côté (latéral), ou pour contourner (circulaire).
Panoramique : en pivotant sur elle-même, la caméra "balaye" l'espace, parfois jusqu'à 360°.
Un faux mouvement, le travelling optique (ou zoom) : un objectif à focale variable donne l'impression d'un travelling avant ou arrière, l'apparence d'une mobilité sans que la caméra se déplace.

Titan ou Louma ?
Souvent installée sur un camion, la Titan permet d'élever jusqu'à dix mètres une plate-forme portant la caméra, l'opérateur et le réalisateur. On utilise plus couramment, installé sur un chariot, une sorte de bras de balançoire, soulevant moins haut caméra et opérateur. Avec la Louma, on ne soulève plus que la caméra, télécommandée depuis le sol, ce qui permet d'étonnants mouvements.

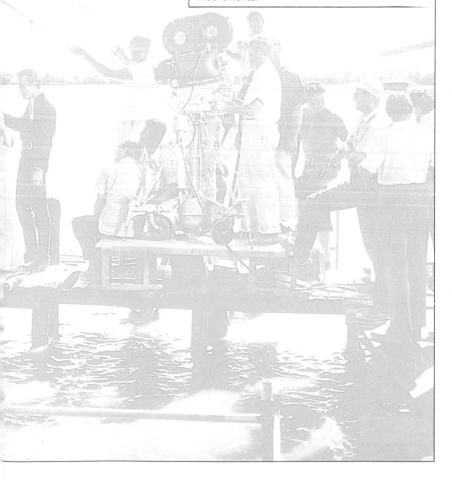

Plusieurs grands acteurs du muet disparurent avec l'avènement du parlant, car leur voix fluette ou nasillarde, parfois leur accent, ne convenaient pas à leur image.

Le mur du son

Pendant trente ans, le cinéma resta muet, même si des musiciens accompagnaient les projections. En 1927, le procédé "Vitaphone" permit de coupler un disque avec un projecteur, mais la synchronisation du son et de l'image restait aléatoire. Dès 1930, le disque cédait devant le procédé optique, qui assurait une synchronisation parfaite du son et de l'image : le son était désormais inscrit dans une piste sur le bord de la pellicule. Toujours perfectionné, ce procédé demeure.

Vers 1950, l'invention du magnétophone autorise une prise de son allégée et améliorée. Le son ainsi enregistré est ensuite reporté sur la piste optique latérale de la pellicule. Certains cinéastes ont su jouer magistralement du rapport entre images et sons, de Chaplin à Welles, de Tati à Godard.

Du tournage au mixage
On tourne le plus souvent en son direct ; parfois en muet. On peut toutefois ajouter des bruits ou des musiques, refaire des dialogues. C'est tout le travail du mixage. Simultanément, la postsynchronisation permet de faire correspondre exactement les sons aux images (les paroles aux mouvements des lèvres...). On peut aussi établir une version dans une autre langue.

Le Chanteur de jazz *(1927), premier succès du sonore.*

In, off, out

Le son est comme une quatrième dimension de l'espace. Il peut être "in", s'originer dans l'image. Il peut surtout être "off", renvoyer hors champ (aux abords de l'image) et faire ainsi exister tout un monde alentour. Il peut enfin être "out", sans fondement dans l'espace filmique : musiques d'accompagnement, commentaires extérieurs.

Le Cheikh *(1921)* est l'un des films les plus célèbres de Rudolph Valentino, l'une des premières grandes stars du cinéma américain.

Loulou, *film organisé tout entier autour d'une superbe créature, incarnée par Louise Brooks, mise en image par Pabst en 1929.*

Dans la caméra, une valve électronique émet une lueur d'intensité variable, selon le niveau sonore, générant les lignes de la bande son (à droite sur la pellicule). Dans le projecteur, un faisceau lumineux traversera la piste du son, et une cellule photosensible "lira" ainsi les lignes, restituant les sons (quand il y a explosion, la bande son s'affole...).

Le développement

Au laboratoire, on développe ou "tire" un négatif et des positifs dans des bains chimiques, pour révéler et fixer l'image.
On peut alors sous- ou surdévelopper la pellicule, ce qui modifie les contrastes.
Les copies positives serviront au montage. Celui-ci établi, on réalise une copie "zéro".

De toutes les couleurs

Jusqu'en 1935, les films étaient uniquement en noir et blanc (parfois peints au pochoir); ce qui n'empêchait pas de travailler ces valeurs, leurs contrastes ou nuances.

Vint alors la couleur sur trois pellicules différentes, notamment le Technicolor. Après la guerre, en 1951, s'impose la couleur sur une seule et même pellicule, ainsi l'Eastmancolor. Plus sensible, celle-ci nécessite un éclairage moindre mais offre des teintes moins denses.

On dispose aujourd'hui de pellicules couleur très sensibles, jusqu'à percevoir la flamme d'une allumette. Peu de films sont désormais réalisés en noir et blanc, malgré la poésie et la nostalgie qui s'y rattachent.

L'étalonnage

Après développement, le film est étalonné : on veille à la bonne continuité des couleurs. Un chemisier rouge paraît ici violet (trop sombre), là rose (trop clair) : on corrige ces écarts. On peut aussi choisir une dominante colorée : un bleu plus intense pour une scène de soir...
Grâce à la vidéo, on peut désormais visualiser aisément diverses options de teintes.

Pour tourner une scène de nuit en plein jour, on place un filtre devant la caméra, gris en noir et blanc, bleu en couleurs. C'est la "nuit américaine".

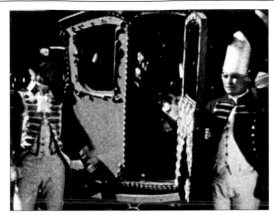

En Technicolor
La caméra contenait trois
pellicules, pour
le rouge, le vert, le bleu.
Au laboratoire, un seul film
superposait ces trois
couleurs de base.
Défaut : des pellicules
requérant énormément
d'éclairage.
Avantage : des couleurs
très denses.
Ce procédé fut abandonné
dans les années cinquante.

Un tournage des années trente, avec Marlène
Dietrich. On filme une charte de couleurs,
appelée "Lily", qui servira de référence
pour le laboratoire.

Pellicule d'un film tourné
en Sovcolor (1955).

Couper-coller : le montage

Film 16 mm
sonore optique

Au tournage, on a filmé jusqu'à des kilomètres de pellicule, des heures de "rushes" (premières épreuves des différentes prises). On choisit ensuite parmi ces prises. Puis on agence les divers plans, on les raccourcit volontiers, selon la continuité et le rythme voulus.

Le tout en coupant et en collant bout à bout la pellicule, que l'on visionne sur une "table de montage".

Désormais, une copie vidéo permet de visualiser un montage virtuel, avant de le réaliser physiquement avec la pellicule. Quelques cinéastes se sont distingués par leur sens du montage. L'Américain Griffith opéra dès 1915 le montage "en parallèle" d'actions simultanées. Le Soviétique Eisenstein, dans les années vingt, pratiqua le montage "par attraction" d'images diverses.

Le Franco-Suisse Godard, de nos jours, "dé-monte" images comme sons, les fragmente et les décale. Le cinéma américain cultive plus que jamais la vitesse, le montage "choc".

Film 16 mm
muet

Dans Octobre (1927), Eisenstein rapprochait des contraires : une mitrailleuse tire, filmée à des échelles différentes et sur des fonds opposés. Le montage classique sera moins osé, redoutera les "faux raccords".

La colleuse, outil de base du montage.

Film 9,5 mm, à encoches, un format aujourd'hui disparu.

Sur ce film en 35 mm, un exemple de montage "cut" : on passe directement d'un plan d'ensemble à un plan rapproché, sans fondu enchaîné.

Film 70 mm (à quatre pistes sonores magnétiques).

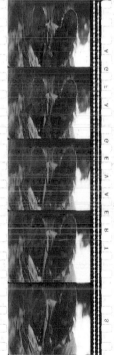

Film 35 mm avec une image anamorphosée : destinée à être projetée en cinémascope, elle retrouvera alors toute sa largeur.

Le format du film

Il existe divers formats de pellicules et, par là même, différents poids de caméras. Le 8 mm, pour les petites caméras d'amateur, tend à disparaître face au caméscope.

Le 16 mm a connu une véritable explosion dans les années soixante, quand on a quitté les studios. Plus léger que le 35 mm, il garantit une image correcte. Bien des films sont encore tournés en 16 mm.

Le 35 mm, format professionnel standard, assure une très bonne image.

Pour une projection sur grand écran, on peut agrandir le film 35 mm et faire une copie en 70 mm.

Le septième art

Le cinéma n'a que cent ans,
mais déjà toute une aventure
esthétique derrière lui.
Après l'ébullition des années vingt,
ce fut l'âge d'or des grands studios
et des stars. Ils seront submergés par
les nouvelles vagues iconoclastes
des années soixante, suivies par
une tendance au spectaculaire souvent
nourri d'effets spéciaux.

Le bouillonnement originel

De 1910 à 1930, encore muet, le cinéma bouillonne. Il grandit aux Etats-Unis, avec le burlesque, de Chaplin à Keaton, les premiers westerns, les fresques historiques ou dramatiques de Griffith, De Mille, King Vidor.

Il s'exacerbe en Allemagne, la guerre de 1914-1918 survoltant un esprit déjà romantique. C'est l'expressionnisme : noirceur de l'image, puissance de la lumière et des ombres, angularités du décor. Murnau et Fritz Lang baignent dans ces eaux-fortes.

Il trépide en URSS. L'élan de la révolution de 1917 se répercute dans celui du montage, qu'Eisenstein et Vertov explorent avec force.

En Europe, n'oublions pas les grands réalisateurs nordiques, comme Dreyer et ses films spiritualistes, ou encore les avant-gardistes français, comme Abel Gance et ses films épiques.

Devenu majeur, reconnu comme un art, le cinéma va bientôt triompher...

Burlesque américain : La Ruée vers l'or (1925), de Chaplin.

Le Grauman's Chinese Theatre, haut lieu des premières hollywoodiennes : ici celle de Morocco, film réalisé par Sternberg en 1930.

Trépidation soviétique : L'Homme à la caméra (1929), de Vertov.

Expressionnisme allemand : Le Cabinet du Dr Caligari *(1919), de Wiene.*

Hollywood, déjà

Ce qui deviendra bientôt la "Mecque" du cinéma n'est d'abord qu'un coin désert de Californie, situé près de Los Angeles.

Tout commence vers 1912. Les pellicules d'alors, très peu sensibles, nécessitent beaucoup de lumière : pourquoi ne pas profiter du grand soleil californien ? On bâtit des décors en plein air. Puis des studios, équipés de lampes puissantes. Hollywood est né, où l'on va tourner de plus en plus de films.

L'âge d'or

Entre 1930 et 1950, devenu sonore puis coloré, le cinéma vit son heure de gloire. C'est le règne des grands studios, qu'incarne par excellence Hollywood, sur lesquels trône un tout-puissant producteur, ou *Mogul*.

C'est le temps des *stars*, les étoiles, comédiens réputés au statut privilégié et au cachet royal.

De fameux réalisateurs s'illustrent aussi de par le monde : Ford, Lang, Welles aux Etats-Unis ; Renoir ou Visconti en Europe ; Buñuel au Mexique ; Mizoguchi au Japon...

Tout comme il y a d'importants scénaristes, directeurs de la photo, décorateurs... Mais ils comptent moins, dans le système hiérarchisé du studio, que le Mogul ou encore la star.

Qui sont ces comédiens et cinéastes célèbres ?

Jean Gabin, Ava Gardner, Orson Welles, Arletty, Marilyn Monroe, Michèle Morgan, Jean Cocteau, Alfred Hitchcock, Greta Garbo, Marlène Dietrich, John Wayne, Marcel Carné, Woolfie, Henry Fonda, Robert Mitchum, Clark Gable, Sophia Loren, Gérard Philipe.

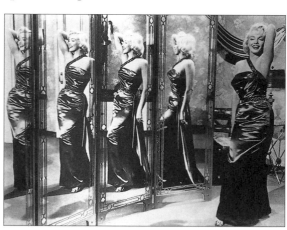

Le star-system

Le studio se préoccupe de l'image de la star, de sa photogénie. Certains imposent qu'on ne la filme que sous son meilleur angle, son bon profil. Tous veillent à obtenir un éclairage soigné, voire sophistiqué. Le chauffeur de telle star féminine doit rouler à petite allure pour éviter d'éventuelles secousses qui abîmeraient sa poitrine...

L'industrie du rêve

A Hollywood, quatre empires dominent la production américaine : Metro Goldwyn Mayer (MGM), Paramount, Warner Brothers et 20th Century Fox. A leur tête, de grands patrons comme David O. Selznick, Adolph Zukor, Jack Warner.

Chaque compagnie produit beaucoup de films, certains luxueux, dits de "rang A", d'autres moins coûteux, dits de "série B". Une distinction toute financière, nullement qualitative ! L'Europe compte aussi d'importants studios : UFA en Allemagne, Gaumont et Pathé en France, Cinecittà en Italie, Rank au Royaume-Uni. Sans oublier Shochiku et Toho au Japon.

Après la Seconde Guerre mondiale, le système tend à s'essouffler, à produire des films sans grande invention : c'est le risque de l'académisation. Bientôt le règne des studios s'achève, face à la percée d'un nouveau cinéma.

Une star déchue, un fameux réalisateur devenu serviteur : Hollywood met en scène sa propre fin dans Boulevard du Crépuscule *(Billy Wilder, 1950).*

Une superproduction tournée en 1949 dans les studios Paramount : Samson et Dalila, *de Cecil B. De Mille.*

L'un des grands temples du septième art, à son apogée dans les années quarante, tant en Europe qu'aux États-Unis

Générique de l'un des plus célèbres films noirs américains, Le Faucon maltais *(1941)*.

Cinéma en tous genres

La production se répartit en différents genres : la comédie et le comique, le drame et le mélodrame ; le western, le film policier ou "noir", les comédies musicales (surtout aux États-Unis) ; le fantastique ou l'épouvante ; la fresque historique ou le péplum à l'antique (notamment en Italie) ; les films d'aventures ou de cape et d'épée ; la science-fiction...

Sans oublier le dessin animé, principalement américain, avec l'édifiant Walt Disney dans le rôle du "gentil" et le mordant Tex Avery dans celui du "méchant" ! Un genre qui connaît son apogée entre 1940 et 1950.

Nouvelles vagues

Après la guerre se développe un cinéma affranchi du studio et de ses contraintes, réalisé par des "rebelles" qui rompent avec le vieux système et son esthétique désuète, au profit d'un regard moins artificiel, plus documentaire.

Tout commence en Italie, dès 1945, avec le "néo-réalisme". Rossellini tourne sa caméra vers le monde même, tel, brut. Il sera suivi par Antonioni et Pasolini.

En France, dès 1950, Bresson rompt avec ce qu'il appelle le "théâtre filmé". Dix ans plus tard déferle la Nouvelle Vague et ses "mousquetaires" : Chabrol, Godard, Rivette, Rohmer, Truffaut. On tourne hors studio, avec des acteurs non professionnels aussi bien, et une équipe réduite. On opère volontiers avec une caméra légère 16 mm, un magnétophone portable pour le son, un éclairage minimum. On fait peu de prises, pour obtenir plus de fraîcheur, de naturel.

Cette rupture "moderne" se prolonge dans les années soixante-dix en France, en Allemagne (Fassbinder et Wenders) aux Etats-Unis (Cassavetes)...

Le traumatisme de la dernière guerre engendre un cinéma tourné vers le monde : Allemagne, année zéro (Rossellini, 1947).

Les cinéastes de la Nouvelle Vague ne recherchent plus l'image "belle" ou "léchée", mais celle qui est "juste" ou "vraie". Ainsi Godard, sur le tournage du Petit Soldat (1960), adopte un style proche du reportage.

Pierrot le Fou,
de Jean-Luc Godard
(1965), marque une
révolution : un récit et
un montage débridés,
des acteurs en liberté,
des couleurs (bleu, blanc,
rouge) détournées.

Le mot d'auteur

Le statut du cinéaste
change dans les années
soixante : jusqu'alors
tenu pour un artisan
ou "faiseur", dépendant
du studio, il se vit
désormais comme
"auteur" ou artiste et se veut indépendant. Diverses
revues critiques se battent pour cette reconnaissance.
François Truffaut déclare en 1957 : "Le film de demain
ne sera pas réalisé par des fonctionnaires de la
caméra, mais par des artistes pour qui le tournage
d'un film constitue une aventure formidable
et exaltante. Le film de demain ressemblera à celui
qui l'a tourné."

Le spectacle continue

Depuis une vingtaine d'années,
on assiste à un double phénomène.
D'une part, après la table rase moderne,
s'affirme une compréhensible volonté
de retrouver des manières classiques.
Ce néo-classicisme est sensible des Etats-
Unis à l'Europe, de Coppola à Carax.
Un mouvement qui croise parfois
l'influence de la publicité (Beineix),
s'exacerbe ailleurs dans l'outrance
maniériste (Greenaway).

Ecrans géants

*Face au "petit écran"
de la télévision, les salles
de cinéma deviennent
panoramiques.
On y projette des films
en 70 mm, avec un son
stéréophonique qui, grâce
au système Dolby, circule
de gauche à droite.
Et voici que se développe
le procédé Imax : des
images dix fois plus
grandes qu'en 35 mm,
projetées sur un immense
écran parabolique. Le
spectateur y est comme
englouti.*

D'autre part, le cinéma est tenté de
résister à la concurrence de la télévision
par le spectaculaire : en cultivant d'une
main les effets spéciaux, en multipliant
de l'autre les écrans géants — deux
domaines marqués par d'importants
progrès techniques.
Re-théâtralisation ici, spectaculaire là :
l'ensemble tend à pousser vers
l'imagerie un cinéma friand de manières
et d'effets en tous genres.

Un exemple d'effet spécial : l'incrustation.
On filme d'un côté l'acteur ou le sujet sur fond neutre, d'un autre le décor.
Ensuite, une tireuse optique, ou Truca, permet de refilmer les deux ensemble.
Ainsi Superman peut-il survoler la cité.

De King Kong *(1933) à* Terminator *(1992) en passant par* E.T. *(1982), la technique des modèles réduits animés a beaucoup évolué. Electronique et téléguidage sont au rendez-vous.*

La star des stars : ce lion, emblème de la Metro Goldwyn Mayer, daignera-t-il rugir ?

A lire

Les Yeux du cinéma
Richard Platt,
Gallimard, 1992.

Le Cinéma et ses métiers
Michel Chion,
Bordas, 1990.

Dictionnaire du cinéma
Jean-Loup Passek,
Larousse, 1990.

Le Cinématographe
Emmanuelle Toulet,
Gallimard, 1988.

Pour en savoir plus

Un métier ? Une passion !
On peut apprendre le métier d'acteur,
scénariste, chef opérateur, décorateur,
monteur... On peut s'initier à la mise en scène
dans des écoles spécialisées ou "sur le tas",
comme assistant.
Mais la meilleure école reste celle de la vie,
idéalement doublée par une passion
de cinéphile.

Tournage de La Route des Indes (David Lean, 1984).